AF346238

Les solitudes du pacifique

Georges Holassey

Les solitudes du pacifique

La paix, loin des hommes

Collection *Émotions Poétiques*

ELM
Éditions Le Mono

ISBN : 978-2-38626-500-6
EAN : 9782386265006

Nul ne peut pénétrer dans un cœur brisé
sans la noble prérogative d'avoir souffert
de même.

(Emily Dickinson)

C'est Apollinaire lui-même qui a décidé d'exprimer sa peine devant tout le monde, avant que les réfugiés ne ramassent leurs affaires pour partir.

La guerre se rapproche, il faut quitter le camp.

Après le déjeuner, il s'est levé pour lire un texte écrit dans un carnet qu'il a toujours gardé près de lui depuis qu'il est arrivé dans le camp.

À la fin de la lecture, une fille s'est mise à pleurer ; discrètement, comme si elle ne voulait pas se faire remarquer. Et on l'a laissée pleurer. Discrètement.

C'est toujours délicat d'aller calmer quelqu'un qui pleure dans le camp. On sait qu'en allant le consoler, on risque de ne pas pouvoir se retenir soi-même de pleurer et de le faire pleurer davantage.

Après avoir séché ses larmes, elle s'est dirigée vers Apollinaire et l'a pris dans ses bras. Comme si, par cette accolade, elle voulait lui transmettre quelque chose qu'elle ne pouvait pas exprimer par des mots. Et elle est partie dans sa tente pour ramasser ses affaires.

D'autres ont fait la même chose. Ils l'ont pris dans les bras pour partager avec lui ces quelques lignes de chagrin qu'il venait de lire, et qui font ressortir aussi le leur.

Tous ceux qui se sont réfugiés dans ce camp, partagent la même peine causée par les ravages de la guerre. Même des pères de famille sont parfois surpris en train de pleurer, cachés dans un coin pour ne pas être traités de pleureurs. Un homme, ça doit toujours garder les yeux secs pour ne pas attrister les petits. Ainsi les éduque-t-on ; et ils ont honte de se laisser aller aux larmes devant les autres. Mais l'émotion et la peine les prennent parfois à la gorge et les larmes arrivent comme des vagues poussées par la tempête du chagrin ; et ils s'en vont se cacher quelque part pour soulager leur peine loin des regards.

Et sans dire un mot après l'accolade, chacun est rentré dans sa tente avec quelques bouts du poème d'Apollinaire dans la tête, ce texte qu'il a dédié à son ami abattu par des hommes armés.

Il est à jamais meurtri le pays de nos parents,
Nos hameaux ne sont plus comme avant
À cause de ces enragés venus du nord
Pour semer le malheur et la mort...
Sans pitié devant les sanglots de mon ami,
Ils l'ont éliminé au nom d'une idéologie.
Mon ami est mort, et moi je suis détruit...

Ce texte leur a aussi rappelé, peut-être, comment Apollinaire est arrivé dans le camp, il y a de cela trois mois et quelques jours ; épuisé, titubant et complètement anéanti par la souffrance. Il s'écroula devant le portail ce jour-là. Quelques hommes sont allés le relever pour l'aider à marcher jusqu'à une tente pour se reposer un peu ; puis il leur raconta sa fuite à travers forêts et villages déserts jusqu'à atteindre ce camp de la paix.

La paix est maintenant une réalité qui s'éloigne. Les groupes armés envahissent les villages, kidnappent des filles qui deviennent leurs épouses (forcées), détruisent les écoles, tuent les hommes qui ne pensent pas comme eux et ne veulent pas les suivre dans leur inhumanité. Ils sont lourdement armés ; qui peut leur tenir tête ?

La paix est désormais perçue comme un luxe sur ces terres qu'on colorie en rouge sur les cartes géographiques pour dissuader les touristes d'y aller. Et ceux qui y vivent alors ? Quel serait leur sort ? La fuite ou la mort ? Rester pour subir la loi des plus forts ?

Qui arme donc ces groupes pour causer tant de ravages ?

L'écho qui nous parvient sur le circuit des armes, nous apprend des choses qui nous attristent. Ces armes viennent de loin. Elles viennent de ceux qui ne se soucient guère du sort des hommes, des femmes et des enfants qui vivent sur ces terres qu'on déconseille aux citoyens des pays riches.

La guerre se rapproche. Il faut faire vite ; il faut partir pour survivre.

Les réfugiés sont donc partis, chacun avec ses affaires, pour chercher un asile quelque part.

La nuit est descendue sur les routes.

Apollinaire n'est désormais que l'ombre de lui-même dans cette nouvelle errance pour trouver un refuge.

L'incompréhensible réalité de la guerre lui fait penser à la souffrance de tous les êtres pacifiques qui refusent de prendre les armes. Il en est un ; et il médite sur ce dialogue entre un pacifiste et un chef de guerre.

« Je ne veux pas tuer, dit le Pacifiste. Je ne veux pas de votre guerre qui anéantit la vie. »

« Comment ça tu ne veux pas tuer ? Tu n'as pas le choix. Tu nous suis, ou tu péris. Tu tues, ou tu disparais comme un lâche », lui rétorque le Chef de guerre.

« Je préfère être un lâche. Laissez-moi m'en aller. Laissez-moi disparaître. L'héroïsme n'est jamais dans la guerre. Il est dans le courage de ceux qui refusent de tuer, même sous la menace. Il est dans la force de ceux qui se retiennent de

détruire sur l'ordre d'un chef. Un lâche ?
Je préfère l'être à vos yeux. Je refuse
votre guerre. Laissez-moi disparaître. »

La nuit est profonde et les routes désertes. Apollinaire marche et médite.

Comment peut-on être aussi fou pour accepter de faire la guerre ?... Puis un conte de Mirbeau lui vient ainsi à l'esprit :

– Le Pacifiste dit :
« Tu ne passeras pas par moi, maudite guerre.
Regarde, derrière toi, les chemins que tu as parcourus.
Partout tu as semé le malheur et la désolation
Les moissons sont détruites et les villes incendiées.
Dans les champs dévastés et dans les forêts abattues
Pourrissent des malheureux que tu as détruits
Sur lesquels s'acharnent les charognards.
Non, tu ne passeras pas par moi, maudite guerre. »

– La Guerre lui répond :
« Je passerai, pauvre lâche. Tes sensibleries ne m'arrêteront pas.

Il faut que toute la terre s'éclaire à mon soleil
de sang
Et qu'elle boive, jusqu'à la dernière goutte
L'amère rosée des larmes que je fais couler.
Je pousserai sur elle la fureur de mes armées
Et je la broierai sous les roues de mes chars.
Tant qu'il existera non seulement deux
peuples, mais deux hommes,
Je brandirai mes fusils, et je les pousserai à
s'entre-tuer.
Mes charognards s'engraisseront sur les
champs de batailles,
Mes soutiens se rempliront les poches de
tous les butins.
Regarde autour de toi, pauvre lâche
Et observe tous ces hommes qui peinent au
travail,
Ils sont occupés par les mêmes besognes.
Pour qui donc ces mines, ces industries
militaires ?
Pour qui ces navires qui sillonnent les mers
et bravent les tempêtes ?
Pourquoi paie-t-on les hommes à réfléchir et
à perfectionner les armes ?

Observe ces hommes politiques faire des
plans pour mon budget,
Pourquoi feraient-ils tout cela s'ils ne
voulaient pas que je passe ?
Je passerai donc, pauvre lâche. »

En écoutant les arguments de la Guerre,
le Pacifiste se voile la face et pleure en
silence…

Après plusieurs jours de marche, Apollinaire trouve un abri précaire, au pied d'une montagne.

Il pense à ses proches, et écrit pour soulager sa peine.

Il parle aux oreilles invisibles qui l'écoutent à travers son carnet ; hurlant silencieusement ses chagrins, ses prières et ses espoirs.

*

Voici le contenu du carnet d'Apollinaire (dans lequel nous avons trouvé une lettre adressée à une amie) que nous publions en hommage à tous ceux qui sont victimes des conflits et de la misère qu'ils engendrent.

Chaque page témoigne d'un visage, d'une histoire, d'un enfant qui souffre de faim, d'une femme qui pleure un être cher, d'un homme qui se sent impuissant devant les malheurs qui frappent les siens.

Carnet d'Apollinaire

Chère amie,

Je ne peux plus me retenir de t'écrire cette lettre car mon cœur a besoin de se libérer du chagrin qu'il charrie, ce fardeau invisible chargé de terribles souvenirs qu'ont posé sur mon être fragile, des hommes qui ont agi comme des loups dans un troupeau d'agneaux.

Ces hommes armés qui ont ravagé nos villes et nos villages, n'ont eu pitié de personnes. Ou bien, sont-ils tout simplement des bêtes féroces à l'apparence humaine ?

Je ne peux plus me retenir de t'écrire, toi qui vis ailleurs, pour te raconter la vie de chez nous, avec cette guerre qui détruit tout.

Les sources de joie ont tari dans mon cœur et je ne sais pas si je pourrai un jour connaître le bonheur dans ce monde qui est peut-être radieux quelque part.

Comment pourrais-je encore sourire à la vie, avec ces souvenirs indélébiles, cet indescriptible malheur qui m'assène des coups de boutoir dans le cœur ?

Ma main tremble en t'écrivant ce message. Elle tremble de souffrance. Elle tremble d'impuissance. Cette impuissance qui était mienne quand je regardais ces scènes d'horreur dans lesquelles expiraient des êtres chers qui vivaient ici. Ils ont crié au secours … vers nulle part. Des secours qui ne sont jamais venus.

Je sais que cette lettre ne pourra jamais faire ressortir tout le chagrin de mon cœur meurtri.

Lis-la à ceux qui défendent la guerre et pensent que c'est le seul moyen de gagner la paix.

Lis-la à ceux qui ne s'indignent pas contre les fabricants d'armes de guerre, et à ceux qui se glorifient d'être les plus grands vendeurs d'armes au monde.

(Vendre des armes de guerre et en tirer des profits, quelle bassesse de l'être humain !)

Parle-leur de ce qui se passe sur nos terres, et certains comprendront peut-être nos lamentations. Ils verront qu'en raison de ces fabricants d'armes et de ceux qui s'en servent, nous passons nos nuits en pleurs.

Je m'assoie souvent à l'ombre d'un arbre, regardant l'horizon en espérant une vie meilleure : la paix. Et j'écris ma douleur, ou je lis quelques poèmes qui consolent.

Je sais que cette lettre sera amère à lire, mais je l'écris pour te révéler ce qui se passe chez nous où le vent qui souffle diffuse l'écho des cris de douleur et le chant mélancolique des femmes que rien ne console.

L'air que nous respirons est fétide. Et le ciel, lugubre, a perdu sa clarté et sa couleur naturelle. Il est terne tous les jours sur nos hameaux désolés. Pourtant je lève de temps en temps les yeux vers le firmament où semblent défiler des nuages traînant quelques signes d'espoir. Un espoir qui ne restera peut-être qu'un rêve. Ai-je encore besoin d'espoir d'ailleurs ? Pour en faire quoi dans mon errance ?

J'écris des stances en pensant à tous ces inconnus qui, comme moi, sont anéantis par la barbarie humaine ; ces hommes opprimés par la nature qui est, elle aussi, parfois injuste et cruelle.

Parle de nous à ceux qui ploient sous le coup de la tristesse et de la peine, à ceux qui sont étreints par la peur qui brise toujours le cœur. Ils sauront qu'ailleurs d'autres souffrent aussi, et ils pourront garder courage. Peut-être.

Je pense que je mourrai de chagrin un de ces soirs. Mon cœur s'épuise à cause de la souffrance, mais il continue quand même de battre pour me faire vivre encore un peu de temps dans ce monde qui sera peut-être radieux un jour pour nous aussi. Un jour où ces hommes cruels, ces loups impitoyables, apprendront l'amour. Voilà une utopie ! dirais-tu. Mais je le souhaite de toute mon âme qui, hélas, se trouve à la lisière du temps d'où je tomberai peut-être d'un instant à l'autre pour rejoindre, inconscient et insouciant, ceux dont la guerre a ravi la vie.

La nuit, je reste éveillé des heures pour raconter mes peines aux oreilles invisibles qui m'écoutent à travers les feuilles d'un vieux carnet. Et ça me soulage un peu de cette douleur qui me brûle le cœur en pensant aux miens qui sont partis.

Ma vie a été épargnée grâce à un hasard peut-être magnanime. Mais quand je pense à mes proches, quand je pense à tous ces êtres qui vivaient autour de moi et qui sont emportés par le Thanatos, je n'arrive plus à avoir la moindre reconnaissance pour ce sort, ce hasard qui me fait encore vivre pour voir et supporter toutes les cruautés humaines. L'homme est un animal qui ne se retient pas quand on lui donne le pouvoir de faire souffrir quiconque résiste ou refuse sa domination. Le monstre qui sommeille en lui se réveille pour détruire dès que sa colère est soutenue par la force des armes.

Je ne veux plus penser à ces hommes devenus des fauves. Mais, peut-on vraiment sortir de son esprit ces barbares qu'on fuit pour retrouver l'humanité quelque part ?

Ils sont de plus en plus forts et de moins en moins humains envers ceux qui refusent de soutenir leurs actions.

Quelques remords torturent-ils leur esprit après leurs actes horribles ? Ou se prennent-ils peut-être pour des héros ? Voilà des héros infâmes ! Homicides impitoyables d'êtres sans défense.

Pire que des bêtes, ils ont des armes à la main ; et ils obligent tous les humains à faire comme eux, à les suivre dans leur folie, ou à disparaître.

Je veux bien disparaître en rêvant de paix, même si je sais qu'ils me retrouveront peut-être un jour.

Quand je rêve de paix, je revois toujours la même scène ; dans ma tête la même image défile jusqu'à la fin, comme dans la comédie d'Aristophane, lorsque Trygée, ce paysan fatigué par de nombreuses années de guerre, décide de ramener la paix dans son village. Il part alors à la recherche de la déesse de la Paix ; et, guidé par un Géant, la retrouve enfermée dans une caverne par le dieu de la Guerre. Il revient demander à tous les habitants de monter avec lui pour la délivrer de la caverne.

« Allons, laboureurs, marchands,

Ouvriers et artisans,

Venez vite !

Prenez des pioches, des leviers et des câbles.

Nous pouvons aujourd'hui sortir la Paix de la caverne,

Et en finir avec la Guerre.

Allons-y ! Nous pouvons le faire. »

Mais parmi eux se glissent des malintentionnés, des profiteurs de guerre, des fabricants d'armes. Les uns tirent les câbles dans un sens, et les autres dans le sens contraire. L'ouvrage a du mal à avancer pour ôter les pierres gigantesques de la bouche de l'antre ; jusqu'à ce que Trygée, ayant compris la ruse des profiteurs qui ne souhaitent pas faire libérer la Paix pour mettre fin à la chevauchée de la Guerre, ordonne aux laboureurs, les plus déterminés à retrouver la paix pour reprendre leurs activités, de tirer vigoureusement.

« Que les laboureurs seuls saisissent les câbles.

Ce sont eux, pas d'autres, qui doivent faire avancer le travail. »

L'entrée de la caverne finit par être déblayée, et on voit sortir la Paix dans un cri de joie et de chants.

Quand je rêve de paix, c'est toujours cette scène qui surgit dans ma tête, et finit avec ces mots du courageux paysan :

« Ô vénérable Paix, reste à jamais parmi nous,

Pour nous éviter les malheurs de la Guerre. »

Les mythes nous enseignent, et quelques fois ils nous font méditer sur les cruautés humaines.

Je reste seul dans ma cachette et je médite, loin de ce monde qui me fait peur ; pensant aux miens, et aux pacifistes dont la société devrait louer le courage.

Et je parle souvent aux oreilles invisibles ; j'écris mes songes et mes souvenirs.

Je pense à toi qui vis loin d'ici et ne connais pas les mêmes souffrances que nous.

Considère ce texte que je t'envoie comme le témoignage de ce que nous voyons sur nos terres dévastées, un appel désespéré d'un monde qui pleure en silence.

En lisant ces pages, pense à ces humains
Vers qui aucun pouvoir ne tend la main
Pour les sauver de toutes ces cruautés
Commises dans nos iniques sociétés.
À ceux qui connaissent les affres de la guerre,
À ceux qui, par manque de moyens,
Sont à travers le temps sans fin,
Victimes d'injustice et de pauvreté.
À ces femmes malmenées par la vie,
Ces hommes indigents traités avec mépris,
Ces enfants malheureux et émaciés
Condamnés à souffrir sans pitié.
Seul l'espoir, qui peut parfois trahir,
Les fait tenir dans cette misère épaisse
Qui jamais ne cesse.

Je m'incline devant ces humains
Que je loue pour leur courage quotidien.
Je sais que ma voix ne portera pas assez
loin,
Pour les consoler dans l'indigence
Et les soutenir dans la souffrance.
Je ne suis qu'une feuille qu'emporte le
vent,
Qui me laissera tomber là où mon souffre
s'éteindra.
Puisse ce texte porter mon humble
message,
Vers de lointains paysages,
À travers l'éternité des âges !

Lettre aux fabricants d'armes

Messieurs les fabricants d'armes de guerre
Vous qui nous rendez la vie si amère
En faisant détruire nos êtres chers
Je vous écris depuis une terre lointaine
Qui souffre des cruautés humaines
Engendrées par vos horribles productions
Qui sèment la mort et la destruction.

Vous faites détruire la vie des innocents
Qui méritent de vivre plus longtemps.
Vous êtes riches et vous êtes gais
Mais votre cœur bien nourri est laid.
Votre esprit vous fuit et vous êtes égarés
Vous ne pouvez plus retrouver la raison
Et vous continuez votre répugnante action
En fabriquant ce que vous ne pouvez
dompter.

Quelle gloire recherchez-vous
À travers ces engins livrés aux fous
Qui sèment la mort chez nous ?

En fabriquant ces armes de guerre
Qui vous rendent riches et prospères
Pensez-vous à tous ces innocents
Qui abandonnent leurs champs ?

Quelle joie retirez-vous quand vous voyez
Toutes les victimes de votre inhumanité ?
Dites-le à ceux qui sont autour de vous.

Que ressentirez-vous si un jour
Je suis fauché par l'une de vos armes
Dont se servent ces hommes sans pitié ?
Dites-le à ceux qui sont près de vous.

Quel profit aurez-vous messieurs
Si c'est un de vos parents ou amis
Qui est fauché par ces engins fous ?
Serez-vous peut-être consolés
Par les millions de dollars gagnés ?

Messieurs les fabricants d'armes de guerre
Vous qui rendez la vie si amère
Sur nos terres ravagées par le malheur
Je me demande si vous avez aussi un cœur.

Après la guerre chez nous

Là-bas, dans la grande prairie
Après la guerre qui a tout détruit
J'ai vu des hommes qui sont tombés
Dont la vie fut effacée d'un coup.
Dans l'herbe je me suis tristement assis
Pour regarder dormir pour toujours
Ceux qui ignorent le lever du jour
Car ils ont rendu leur dernier soupir.
Ni la chaleur accablante des jours d'été
Ni le froid glacial des soirs d'hiver
N'ont plus d'effet sur ces corps allongés
Dont le souffle s'est brutalement arrêté.

Là-bas, dans la grande prairie
À quelques kilomètres d'ici
J'ai vu le visage de la guerre :
Des hommes qui sont tombés
Et ne se relèveront plus jamais.

Souvenir d'un soir

Tout seul désormais je suis
Dans la nature où tout est détruit.
Je revois ces jours à jamais perdus
Que je passais avec Mireille.
Ces jours où nous étions heureux
Dans notre univers merveilleux.
Je revois nos parents et les vieux
Qui ne verront plus jamais le soleil.
Je me souviens de ce soir de mardi
Une nuit comme aujourd'hui
Quand ces hommes que je maudis
Sont venus détruire leur vie.
Je veux bannir tout plaisir
Et vivre pour toujours le deuil
En mémoire de Mireille.
Je veux proscrire tout bonheur
En mémoire de mes parents
Dont la mort a anéanti ma vie.

Tout seul désormais je suis
Dans la nature où tout est détruit.
J'ai perdu l'envie de voir le soleil
Pour m'enfouir dans le deuil.

Les partants

Avant les premiers rayons du soleil
Avant que le village se réveille
Trois adolescents s'en vont
Sans aucun bagage, ils s'en vont
Loin de nous
Loin de tout.

Au commencement du nouveau jour
Ils posent les premiers pas si lourds
D'un voyage vers un ailleurs
Où la vie serait meilleure.
Ils laissent derrière eux leurs parents
Qui les voient partir vers cet endroit
Où ils espèrent trouver la joie.

Le brouillard du matin qu'ils déchirent
Ternit la vue à ceux qui les voient partir.
Seuls les chiens qui aboient derrière eux
Peuvent par leur flair savoir un peu
Si le bonheur les attend vraiment
Au bout de leurs pas diligents.

Le cœur vaillant, ils s'en vont loin de tout

Pour aller chercher le bonheur surtout.
Nul ne sait si ce voyage aura un retour
Ou s'ils s'en vont pour toujours.

Au bord de ma fenêtre je les vois partir
Vers ce lieu où la terre saurait sourire.
Et moi, je me résigne sous mon toit
Car nulle part je n'aurai plus de joie.

Je ne suis pas patriote

Ne pensez pas à moi
Quand au son des trompettes
Vous rassemblez les têtes
Pour aller au combat.
Ne venez pas me réveiller
Quand sur mon lit je dors
Pour soulager mon corps
Qui fournit trop d'effort.
Ne me posez pas de questions
Vous qui servez de pions
À ces méchants patrons
Qui vous envoient au front.
Je hais vos têtes sottes
Qui se disent patriotes.

Quand au son des trompettes
Vous rassemblez les têtes
Pour partir à la guerre
Prenez-moi pour un rebelle.

Partir

Qu'ai-je à faire dans ces ténèbres
Si les autres ont trouvé la lumière ?
Ils ont quitté ces terres de misère
Que nous ont léguées nos ancêtres
Pour aller chercher le bien-être.

Pourquoi continuer à vivre ici
Si les autres sont heureux là-bas ?
J'ai perdu la foi, j'ai perdu l'espoir
Je ne veux plus de ces années noires
Qui ont détruit ma jeunesse
Et continuent sans cesse
De briser tous mes rêves.
Je veux partir aussi
Je veux sauver ma vie.

Pourquoi vivre dans ce malheur
Si d'autres ont trouvé le bonheur
En allant vivre ailleurs ?
J'ai perdu la foi, j'ai perdu l'espoir
Je vis trop d'années noires
Sur ces terres en détresse
Et je plains ceux qui y naissent.

Je veux partir aussi
M'en aller loin d'ici
Pour sauver ma vie.
Je cherche le bien-être
Je ne suis pas un traître.

Je m'en vais

La tête baissée
Le dos courbé
Je m'en vais.
Je m'en vais le long du fleuve
Avec mon âme creuse.
J'ai perdu des êtres chers
Ma vie est devenue un enfer.

La tête baissée
Le dos courbé
Je m'en vais.
Je m'en vais le long du fleuve
Chercher une vie neuve.
Je n'ai plus de place
Parmi ces êtres méchants
Qui courent après le mal
Pour réaliser leur plan.

La tête baissée
Le dos courbé
Je m'en vais.
Je m'en vais loin de tout.

L'aventurier

L'aurore s'est à peine levée
La rosée mouille encore le pré
Quand, dans une allure pressée
Il tourne le dos à la cité.
« La vie est belle quelque part »
C'est ce qui motive son départ.
Il traverse des routes inconnues
S'arrête aux lieux imprévus.
« La vie d'ici n'est pas meilleure
Je veux aller voir ailleurs »
Dit-il dans son cœur.
Il s'en va avant l'aurore
Pour aller améliorer son sort.
Là où il ira, il partira encore.
Le jour se sera à peine levé
Quand il s'en ira à pas pressé
Pour aller chercher le bonheur
Ou un peu de repos pour son cœur.
C'est un aventurier.

Cœur en détresse

Dites-moi
Vous qui avez déjà aimé
Si je pourrais me remettre aussi
De la tristesse d'un amour disparu.
Celle que j'aime est partie
Elle est partie sans l'avoir voulu.
Mes jours ne sont plus des jours
Mes nuits ne sont plus des nuits
Aucun désir n'émeut mon être
Car je n'ai plus envie d'être.
Je rêve de son retour
Pour retrouver l'amour
Et je marche seul dans la rue
Quand le monde s'en dort.

Dites-moi
Vous qui avez perdu une amie
Si l'amour peut toujours renaître
Dans un cœur en détresse.

Je rêve de te revoir, Alice

Hier soir dans la brise
J'ai pensé à toi Alice
En contemplant ce jardin
Que tu entretenais si bien
Quand tu vivais ici.
Je te voyais sourire
Aux enfants du quartier
Qui passaient par là
Attirés par l'odeur
De ces charmantes fleurs
Que tu arrosais de bonheur.

J'ai appris que ces enfants
Qui passaient par là
Ne sont plus comme avant
Depuis que tu es partie.
Ils ont perdu leur joie
Et n'ont plus du tout d'espoir.
Il paraît que tous les soirs
Ils pleurent aussi dans le noir.

Reviens, je t'en prie
Pour redonner un peu de gaieté

À ces enfants désespérés.
Peut-être s'ils te revoient
Ils pourront retrouver l'espoir.
Reviens je t'en prie
Pour nous redonner la vie
Qui nous manque ici.

Au bord du ruisseau

Dans la nuit calme sans oiseaux
Assis au bord d'un ruisseau
Je contemple la lune au ventre creux
Dont les rais semblent me dire adieu.
Assis sous un hangar malheureux
Éclairé par la reine des cieux
Je me console par la cadence des nuages
Qui défilent vers un lointain paysage.

Demain je m'en irai loin d'ici
Loin de ce ruisseau maudit
Qui irrigue nos hameaux hantés
Par le souffle de mes amis tombés.

Avant les premières lueurs
Je partirai vivre ailleurs
Pour aller apaiser mon cœur.
Je m'en irai loin d'ici
Loin de ce ruisseau maudit
Par le souvenir de mes amis
Précipités dans l'oubli.

J'irai attendre ce jour béni
Où justice sera rendue
À ces petites vies anéanties
Par des hommes sans scrupule.

La femme étrangère

Je connais une femme étrangère
Qui vit encore sur nos terres
Malgré les ravages de la guerre.
J'ai appris par quelques passants
Que je croise de temps en temps
En sortant de mon refuge
Qu'il lui arrive souvent le soir
De s'allonger par terre
Pour pleurer près du feu de bois.
Elle pleure ses amis disparus
Kidnappés par des inconnus.
Sans savoir ce qu'ils sont devenus
Leur sort torture son esprit
Qui ne peut plus aimer la vie.

Depuis que j'ai appris qu'elle gémit
Parce qu'elle n'a plus de vie ici
Après la disparition de ses amis
Quand je pense à elle le soir
Dans cet abri où j'ai trouvé refuge
Je pleure aussi sans le savoir.

Le joueur de flûte

Il est des jours où, en me levant le matin,
Portant ma vue sur la colline au loin,
Je pense à cet homme, ce joyeux flûtiste
Qui s'asseyait dans les herbes mouillées
Quand le jour s'est à peine levé,
Pour consoler nos cœurs tristes
En jouant des airs mélodieux
Qui faisaient sécher les pleurs.

Ces jours où s'attriste mon cœur,
Mon esprit me ramène son image
Et je parcours du regard le paysage
À la recherche de l'homme à la flûte
Qui, tôt le matin, sur la colline,
Jouait pour égayer les âmes tristes.
Lui seul connaissait le secret mélodieux
Qui savait nous rendre joyeux.

Jour après jour j'ai cherché cet homme
Qui venait jouer sur la colline là-haut
Pour tenter d'apaiser nos maux.

Lui seul connaissait les sons bénis
Pour faire taire les soupirs
De ceux dont le bonheur s'est enfui.

Où est-il parti cet homme à la flûte?
Pénibles sont devenus nos matins
Sans ses sons qui nous faisaient du bien.

Homme mystérieux, aimable flûtiste,
Reviens, nous t'en prions, reviens
Jouer sur les collines de nos cœurs tristes !

Le sultan qui pleurait

J'ai rencontré à l'aurore du matin
En sortant de la forêt qui m'abritait
Un homme, un sultan qui y entrait
Avec son chien, il pleurait.

Il m'a demandé en s'essuyant le visage
Si la vie est aussi cruelle dans le bois
Que dans la société derrière ses pas.
Je lui ai répondu sans ambages :
'La vie est belle si on sait écouter les
oiseaux,
Si on sait vivre avec les êtres sans mots.
Eux seuls savent respecter le cœur qui bat'.

J'ai croisé dans le brouillard du matin
En sortant de mon asile la forêt
Ce sultan qui fuyait les humains
Pour chercher une vie solitaire.
Il m'a raconté l'aventure amère
Qui le rend errant sur nos terres.
Ces faits qui le hanteront toujours
Le feront vivre tous les jours

Loin de tout être humain
L'espèce qui l'effraie le plus sur terre.

En sortant de la forêt qui m'abritait
J'ai rencontré un homme qui y entrait
Avec son chien, son seul ami qui l'aimait,
Il pleurait.

Les orphelins

Assis tristement dans le foin,
Deux garçons regardent au loin
Et bâillent de temps en temps
Comme se nourrissant du vent.
Quel âge ont-ils déjà ?
Six et huit ans je crois.
Ce sont de jeunes enfants
Qui n'ont plus de parents.
Ils souffrent sûrement de faim
Mais ont honte de tendre la main.
Quels hommes seront-ils plus tard
S'ils grandissent par hasard ?
Eux qui n'ont pas reçu d'amour
Comment le donneront-ils un jour ?
Assis dans le foin, à l'écart du monde
Leur tristesse est vraiment profonde.
Ils ignorent la joie de l'enfance
Car ils n'ont pas eu de chance.
Quel âge ont-ils déjà ?
Six et huit ans, je crois.

Je ne peux pas être heureux

Je ne peux pas être heureux
Si ma mère pleure en silence
Et mes sœurs ont l'âme triste.
Ces êtres qui me sont chers
Croupissent dans la misère
Et personne ne les assiste.

Je ne peux pas être heureux
Si mon père lutte en vain
Et mes frères vivent sans rien.
Ces êtres qui me sont chers
Sont torturés par la misère
Et personne ne les soutient.

Quand ma mère chantera à ravir
Quand mon père jouera de la lyre
Je serai heureux et je partirai
J'irai vers la mer toujours joyeuse
Pour contempler ses vagues danseuses
Qui bercent les âmes flâneuses.

Quand mes sœurs pourront sourire
Et mes frères n'auront plus à souffrir

Je serai tranquille et je partirai
J'irai près de la mer passer des heures
À contempler l'horizon enchanteur.
Et là où le ciel semble descendre en douceur
Pour embrasser les flots danseurs
Je percevrai peut-être le reflet du bonheur.

Les captifs de la misère

Comme des captifs enchaînés
Dans les ranches de la pauvreté
Nous attendons ce jour rêvé
Où nous pourrons enfin retrouver
La paix, le bonheur et la liberté.
Nous travaillons sans nous reposer
Pour nous affranchir de la misère
Et nous maudissons les guerres
Qui nous affligent sur nos terres.
Du ciel nous espérons une fraîcheur
Qui ferait disparaître nos sueurs
Et nous guettons tous cette lueur
Qui nous ferait entrevoir le bonheur.
Dites-nous quand viendra cette heure
Où se briseront les liens d'horreur
Qui nous lient les os et le cœur
Pour nous faire vivre sans valeur ?

Comme des captifs enchaînés
Par les liens de la pauvreté
Nous attendons ce jour, cette heure
Qui nous libérera du malheur.

Ne m'attendez pas ce soir

Ne m'attendez pas ce soir
Là où s'arrête le tortillard.
Le travail dans le charbon
M'a brisé les genoux
Et je ne tiens plus debout.
Je ne peux monter dans ces wagons
Qui ramènent les compagnons
Dans leurs abris de nuit
Pour un peu de répit.

Ne m'attendez pas à la gare
Là où descendent les hâves
Libérés de leurs corvées
Pour un peu de répit.
Je ne serai pas dans le train
Qui les ramène aux taudis.
Le travail dans les mines noires
A détruit ma vie et mon espoir.

Priez pour moi mes amis
Priez Celui qui des cieux bénit
Pour soulager l'être qui gémit.

Loin de ma cabane

Loin de ma cabane solitaire
Dans laquelle je me terre
Pour fuir toutes leurs horreurs,
Triomphent de violents meneurs
Qui ôtent la paix de ce monde
Bâti par celui qui le sonde
Avec ses yeux qui m'effraient.

Je dis dans mon cœur de croyant
Que l'innocence de tout vivant
Qui pense au bien sur son divan
Sauvera sa tête devant l'Omnipotent
Quand viendra son jugement
Contre ces hommes violents.

Innocence, innocence,
Demeure toujours dans ma cabane
Pour me sauver de l'Omnipotent
Quand viendra son jugement.

Les louveteaux

En passant près du ruisseau
J'ai vu des louveteaux
S'abreuver avec des agneaux.
En les voyant près de l'eau
Avec ces paisibles animaux
J'ai voulu leur dire des mots
Pour les faire pleurer plutôt
Devant des loups bien gros
Qui déciment nos troupeaux
Et nous font pousser des sanglots.
Le monde d'ici serait si beau
S'il n'y avait que des louveteaux.

Si vous voyez ces loups bien gros
Qui déciment les troupeaux,
Dites-leur à travers des échos
Que j'ai vu des louveteaux
Qui s'abreuvaient au ruisseau
Avec de paisibles agneaux
Sans leur faire la peau.
Dites-leur à travers des échos
Que le monde serait si beau
S'il n'y avait que des louveteaux.

Nous étions là

Quand venait le soir nous étions là
Derrière les buissons qu'on voit là-bas.
Nous étions là pour veiller sur vous
Vous qui dormiez près du trou
Qui abritait des fauves et des loups.

Quand venait le jour nous étions là
Derrière les arbres qu'on voit là-bas.
Nous étions là pour vous protéger
Vous qui bêchiez au-dessus de la vallée
D'où remontaient de féroces sangliers.

Nuit et jour nous étions là
Pour vous protéger des bêtes sauvages
Qui surgissaient parfois avec rage.

Quand venait le soir nous étions là
Quand venait le jour nous étions là
Pour vous garder comme des rois.

Parlez-moi du bonheur

Parlez-moi du bonheur mes sœurs
Vous qui gardez dans vos cœurs
Cette graine de joie qui repousse
Pour vous faire aimer la vie.

Parlez-moi d'espoir mes frères
Vous qui gardez dans vos nerfs
Cette sève qui vous pousse
À continuer d'aimer la vie.

Mes frères, mes sœurs,
Vous qui vivez loin de moi
Et qui ne voyez pas ce que je vois
Parlez-moi du bonheur
Pour m'aider à garder l'espoir
Dans la misère et le malheur.

Complainte d'un rescapé

Ils arrivent vers nos maisons,
Ces gens qui ont perdu la raison.
Ils arrivent vers nos enfants
Qui ont peur de ces méchants.
Aucun courage venant des nuées
Ne peut nous empêcher de trembler
Devant ces hommes armés
Qui ont perdu leur humanité.
Aucun espoir ne peut atténuer
La peur qui nous envahit.
Le ciel reste spectateur
Devant nos cris et nos pleurs :
Là est son vice.

Nous nous souvenons de nos amis
Massacrés comme des brebis
Par ces envahisseurs maudits.
Nous nous souvenons des habitants
Détruits par ces hommes de Satan
Qui s'approchent à grands pas
Pour nous envoyer au trépas.
Nos cœurs battent plus fort
Car nous voyons venir la mort.

Nous espérons encore en Dieu,
Lui seul peut agir depuis les cieux
Pour nous délivrer de ces tueurs.
Mais le ciel reste spectateur
Devant nos cris et nos pleurs :
Là est son vice.

Les larmes sur les joues des enfants
Et le battement de leurs cœurs innocents
Crient vers des horizons lointains
En vain !
Le ciel reste toujours spectateur
Devant ces cris de douleur :
Là est son vice.

Qui pourra nous délivrer
De ces hommes armés
Qui massacrent sans remords
Des innocents qui fuient la mort ?

Le vieux tisserand

C'était un homme avec son fils
Son fils premier-né
Son fils bien-aimé.
Ils quittaient leur hameau
Avec de gros fardeaux
Qu'ils portaient sur le dos,
Un tas de pagnes tissés
Qu'ils amenaient au marché
Quand le jour est arrivé.

C'était ce tisserand dévoué
Qui rentrait avec son fils aîné
Après un jour de marché
Quand l'ouragan a soufflé.
L'arbre sous lequel ils étaient
N'avait pas pu résister
Et ses branches qui tombaient
N'avaient pas pu les éviter.
Le choc qu'ils reçurent
A été vraiment dur.
Leurs yeux ne s'ouvraient plus

Leur cœur ne battait plus
Ils ne pensaient plus à rien
Ils ne pensaient plus du tout.

C'était un homme avec son fils
Son fils premier-né
Son fils bien-aimé
Qui ne sont plus rentrés
Après ce jour de marché.

Jeunesse en errance

Sur les sentiers de nos villages
On voit des jeunes qui flânent.
Ils attendent l'opportunité à saisir
Pour prendre leur sac et partir.

Ces jeunes ici n'ont aucun bien
Et de la nature, ils n'attendent rien.
Ils voient leurs pères lutter en vain,
Leurs mères mourir de faim,
Et se disent peut-être à tort
Que ce sera aussi leur sort.

Ils ne croient plus du tout
À ces mots qu'on répète partout :
« Au bout de l'effort
Il y a toujours un trésor »

Allez messieurs leur dire
Qu'ils ne se laissent pas anéantir
En voyant leurs parents souffrir.
Allez mesdames leur dire
De broyer tout grain de paresse

Qui mine leur être qui se dresse.
Dites-leur surtout, je vous en prie,
Qu'ils soient d'ailleurs ou d'ici,
Qu'au bout de tout effort
On peut trouver de l'or.

L'inconscience des petits

Quand nous étions petits
Nous ignorions tout de la vie
Qui nous attendait ici.
La joie régnait dans nos cœurs
Et de l'avenir nous n'avions peur.
Les soirs, au retour du bois
Les anciens nous racontaient parfois
Une partie de leur histoire
Qu'ils gardaient dans leurs mémoires
Plus vieilles que tous leurs avoirs.
Il leur arrivait quelques fois
En nous ouvrant ces tomes
De pleurer comme des mômes.
« Soyez toujours braves et courageux
La vie rend parfois malheureux »
Disaient-ils avec peine au cœur.
Nous ne prêtions guère attention
À ces mots dont nous nous moquions.
Nous étions des tout-petits
Qui ignoraient tout de la vie.

Les petits mendiants

Accroupi au bord de la route
Il porte une chemise rouge
Qui cache son ventre creux.
Avec son frère qui n'a pas d'yeux
Ils mendient tous les deux
Pour assouvir leur faim
Avec un peu de pain.
Ils ont perdu sans doute
Ceux qui donnaient la croûte.
Je vois passer près d'eux
Des chiens gros comme des bœufs
Qui balancent de joie leur queue
Devant leur maître généreux
Qui les nourrit si bien.
Ce maître si attentif
Aux besoins de ses chiens
Qui ne manquent de rien
Ignore ces deux gamins
Qui mendient leur pain
Pour ne pas mourir de faim.

Accroupis au bord de la route
Deux enfants font la manche
Pour trouver leur pitance.
Ils ont perdu sans doute
Ceux qui donnaient la croûte.

Les chercheurs de liberté

Nous étions trois amis
Qui avions tout quitté
Pour vivre à l'abri
Sous un hangar oublié
Loin de toutes les cités.
Là-bas, nous étions libres
Nous étions heureux.

De loin, dans les villes,
Nous percevions les soupirs
Des travailleurs sans répit.
Voilà des êtres à plaindre !
S'ils pouvaient imaginer
Le bonheur de la liberté !
Que cherchaient-ils comme ça
En travaillant tout le temps ?

Au bord du doux ruisseau
Nous nous asseyions le soir
Pour regarder l'eau dormir ;
Levant de temps en temps
Les yeux vers les nuages
Qui défilaient tranquillement

Vers l'horizon quelque part.
Le vent qui passait librement
Nous rapportait par moments
L'écho de tous ces gens
Qui ignoraient sûrement
Le plaisir de vivre au repos
En contemplant le ciel si beau.
Que cherchaient-ils comme ça
En travaillant tout le temps ?

Là-bas, nous étions libres
Nous étions heureux
Jusqu'au jour où, sans le vouloir,
Avec un peu d'eau à boire,
Chacun prit son chemin
Car nous n'avions plus de pain.

Les innocents

C'étaient trois hommes vaillants
Qu'on voyait travailler tout le temps.
Quand l'hiver couvrait les champs
Ils mettaient leurs vieux gants
Et se couvraient la tête d'un bonnet
Qui leur cachait aussi le nez.

C'étaient ces cultivateurs vaillants
Qu'on avait pris pour des assaillants
Qui voulaient assassiner le roi
Quand ils passaient par là.

Personne pour les défendre
À cela ils devaient s'attendre.
Ils s'étaient tus comme des morts
Et plaidaient par leur silence
Qui n'attirait pas la clémence.
Et on les tortura à mort
Eux qu'on accusa à tort.

Quand l'hiver arrive sur les champs

Je pense à tous ces innocents
Que personne ne défend
Et je gémis sur mon divan.

Les nostalgiques

Je les vois partir main dans la main
À travers la brume du matin
Pour aller voir ceux qu'ils aimaient
Ceux qui, là-bas, se reposent en paix.

Un homme et une femme âgés
S'en vont tous les matins
Avec une fleur dans la main ;
Marchant comme si on les poussait
Vers ce vieux cimetière
Où se reposent en paix
Ceux qu'ils ont connus hier.

Je les vois partir main dans la main,
Mais quand ils reviennent enfin,
Ils marchent l'un derrière l'autre
Et pleurent tous les deux en silence
Comme si leur vie n'avait plus de sens
Sans ces gens qu'ils aimaient,
Ceux qui, là-bas, se reposent en paix.

Les envies

Aussi longue sera notre vie
Aussi nombreuses seront nos envies.
Vivre au-delà de nos humaines vies
Nous en avons souvent envie
Pour percer les mystères
De cet insondable univers.
Nous avons envie d'être Dieu
Pour connaître la splendeur des cieux
Et savoir de quoi demain sera fait
Pour prévenir nos choix mauvais.
Nous avons envie d'être parfaits
Pour construire une vie sans regrets
Et connaître une existence sereine
Dans laquelle il n'y a pas de peine.
Nous avons envie d'être autrui
Pour savoir ce que l'autre pense aussi
Et prendre de bonnes décisions
Pour accomplir d'irréprochables actions.
Aussi longue sera notre vie
Aussi nombreuses seront nos envies.

La bénédiction d'un retour au pays.

Quand viendra le jour béni
Où l'on ne souffrira plus de faim
Dans nos pays presque détruits?
Quand viendra le jour béni
Dans ces territoires à demi-vie
Où l'on meurt de pénurie ?
Nous avons envie aussi
De vivre sans ces soucis
Qui nous torturent l'esprit
Et nous font errer ailleurs
Comme d'éternels voyageurs.

Quand viendra le jour béni
Sur nos terres appauvries
Nous y retournerons dans la joie
Pour vivre comme des rois.

Calomniateurs et médisants

Lorsque j'étais enfant prêt à écouter,
Mes parents me disaient tous les jours
Dans leurs conseils qui étaient mes cours
Que la médisance et la calomnie
Sont des vices qui brisent des vies.
Tous les soirs, près du feu de bois
Sur lequel elle préparait le repas
Ma mère me disait souvent :
« Fuis les calomniateurs et les médisants
Car de leur bouche sortent des braises
Qui consument des cœurs innocents. »
Tous les jours, en sarclant nos champs
Mon père me disait fréquemment :
« Fuis les calomniateurs et les médisants
Car ils sont souvent responsables
De propos vraiment méprisables
Qui détruisent des gens aimables »

L'attente

C'était un matin longtemps passé
Que nous avions appris cette histoire
Qui nous donne encore de l'espoir :
Des êtres étranges et mystérieux
Descendraient discrètement des cieux
Pour venir cacher des trésors
Quand personne ne serait dehors.
Tous les soirs nous restions éveillés
La tête lourde et remplie de projets
Pour guetter ces êtres mystérieux
Qui descendraient des cieux
Quand tout le monde s'endort.

Certains soirs, il nous arrive encore
De veiller longtemps dehors
Pour attendre ces êtres étranges
Qui auraient le pouvoir des anges
De changer l'attente en bonheur
Pour nous donner de la joie au cœur.

L'espoir

J'ai toujours espéré qu'un jour
Je connaîtrai moi aussi le bonheur
Après avoir connu tant de malheurs
À cause des hommes sans cœur.
Le temps passe, mais ce jour radieux
Ne vient jamais effacer ma douleur.

L'espoir reste ce compagnon lointain
Qui ne vient pas apaiser mon chagrin
Quand je l'appelle au secours le soir
Pour m'aider à continuer de croire.
Et il me semble l'entendre parfois
Se moquer éperdument de moi
Quand je commence à perdre la foi.

Je voudrais être un homme heureux
J'attends l'aube d'une vie meilleure
Sur nos terres envahies par les horreurs
Commises par des hommes sans cœur.

Combien de temps encore
Mon esprit soutiendra mon corps

Pour m'aider à continuer l'effort
D'attendre ce monde meilleur ?
Malgré tout ce que je subis
Sur nos terres qui pleurent,
Malgré les souffrances que j'endure
A cause des hommes sans cœur
Qui nous rendent la vie si dure
En ce jour, j'ai encore un peu d'espoir.

Emportez-moi !

Aux cimes du grand arbre béni
Dont l'ombre me sert d'abri
Pour échapper à la chaleur de midi
Se reposent des oiseaux migrateurs
Que j'entends chanter en chœur
Avant de partir vers d'autres terres
En se moquant des frontières.
Ils chantent un air nouveau
Dont je devine ainsi les mots :
« Nous partons vers un horizon de paix
Nous partons vers un monde plus gai
Pour ne plus voir ces horreurs
Qui torturent nos petits cœurs.
Ils sont méchants les hommes d'ici
Nous n'en voulons plus comme amis ».

Et mes oreilles écoutent pour mon cœur
Le chant mélancolique du chœur
De ces oiseaux qui ont pris peur
En voyant toutes les horreurs
Que je regarde aussi en pleurs.

Jolis oiseaux je vous avoue
Que je veux m'en aller avec vous
Pour voler au-dessus de tout.
Emportez-moi vers un horizon de paix
Là où le monde serait plus gai.
Emportez-moi sur vos ailes solides
Qui fuient toujours l'homicide.

Retrouver les belles saisons

Les jours défilaient doucement
Et les fruits de nos beaux champs
Commençaient à peine à mûrir
Quand nous avions fui les malfaisants
Qui détruisaient tous nos plants.

Le temps des récoltes était à venir
Et nous contemplions les cieux
Avec l'espoir des jours heureux
Pour nos enfants à nourrir,
Quand nous avions fui ces méchants
Qui saccageaient tous nos champs.
L'exil était le seul moyen de salut
Face à ces hommes qui ont tout détruit.

Viendra-t-il un jour où nos enfants
Pourront retourner dans nos champs ?
Viendra-t-il un jour où nos enfants
Pourront retrouver la paix d'antan ?
Pour combien de temps encore
Souffriront-ils dans leur petit corps
Façonné par les malheurs de l'exil ?

Demain, avec mon cœur en peine
Je quitterai ce refuge sans vie sereine
Pour aller prier sur une colline lointaine.
Puisse le miséricordieux des cieux
Exaucer mes prières et mes vœux
Pour nous libérer de cette galère
Et nous aider à retrouver nos terres.

Ils se cherchent une image

De nos maisons vers de lointains villages
Défilent ceux qui se cherchent une image :
L'image d'hommes dévoués qu'ils sont
La récompense des efforts qu'ils font
Pour pouvoir améliorer leur sort.
Ils sont flétris par la souffrance
Qu'ils connaissent depuis l'enfance
Souffrance que d'autres ailleurs ignorent.
Parce qu'ils sont les plus forts
Ils les jugent souvent à tort.
« S'ils souffrent toujours ainsi
Depuis les grands jusqu'aux petits
C'est parce qu'ils ne font aucun effort
Pour améliorer leur propre sort »
Entend-on parfois dans les débats
Qui passent dans les médias.

Si ces pauvres humains sans image
Dont les médias dénaturent l'existence
Pouvaient en finir avec les souffrances
Causées par les plus forts qui les méprisent

Si ces misérables pouvaient aussi
Rire aux éclats avec tous leurs amis
Loin des guerres et de la misère
Entretenues par ceux qui les méprisent
L'humanité accomplirait une action divine
Et ils chanteraient tous en chœur
Les merveilles qu'ils ont dans le cœur.

Le berger nomade

Là-bas dans la prairie
Un berger venait paître ses brebis.
Sans ami pour lui tenir compagnie,
Il s'asseyait sur la petite colline
Pour veiller sur son troupeau
Que nous contemplions au loin
En rêvant d'autres paysages.

Quand tombait le soir sur la prairie
Nous l'entendions jouer aux brebis
Avec sa flûte de berger nomade
Et elles le suivaient comme des sages
Pour rentrer au bercail.

En voyant ces bêtes venues d'ailleurs
Pour paître dans la prairie là-bas,
Nous retrouvions un peu de joie
Et nous rêvions d'infinis paysages
En contemplant ces êtres nomades.

Le coq du lointain

J'entends chanter dans le lointain
Un coq qui réveille tous les matins
Ceux qui vont chercher leur pain
En prenant le premier train
Qui les transporte tous les jours
Vers les champs qu'ils labourent
Pour ceux qui leur manquent d'amour.

Quand vient l'hiver sur les pins
Qui reboisent les plateaux au loin,
Ce coq chante un air triste
Pour ceux que personne n'assiste.
Ils quittent toujours leur maison
Quelle que soit la saison
Aux premières lueurs du matin
En prenant le premier train
Pour aller chercher leur pain.

Un coq qui chante tous les matins
Pour réveiller tant d'humains,
Connaît une chanson sans refrain
Qui console ceux qui ont faim.

Les marins

Au bord de la mer, au clair de la lune
Lorsque les marins rentraient au port
Nous nous asseyions dans les dunes
Pour écouter ces joyeux voyageurs
Nous raconter leurs aventures
Sous le charme doux et merveilleux
D'un ciel étoilé qui dort.
C'était beau, c'était le bonheur
Nous les aimions beaucoup
Mais eux qui venaient d'ailleurs
Ils repartaient sans nous.

Certains soirs, ces hommes de mer
Revenaient tristes sur le port.
Ils racontaient des histoires de requins
Qui rendaient parfois leur vie amère.
Nous perdions alors le sourire
Et nous les plaignions beaucoup
Mais eux, sans un moindre soupir
Ils reprenaient la mer sans nous.

Mon âne

Triste est mon cœur quand le matin
Je me réveille sans voir mon ami
Mon âne qui me sourit
Lorsque je lui donne du foin.

Il s'en est allé avec le nomade
Qui l'acheta pour peu de sous
À mon père qui vendait tout
Pour changer nos jours maussades.

Triste est souvent mon cœur
Quand je pense à mon âne
Que j'ai vu partir, en pleurs
Derrière le vieux nomade.

Les petits laboureurs

Tous les jours à la campagne
Quand point le jour sur les montagnes,
Ils quittent leurs cases rustiques
Aux toits des temps antiques
Pour aller bêcher les champs.
Ce sont encore des enfants
Mais ils labourent comme des grands.
Ils n'accusent pas leurs pères
Qui ont aussi hérité de la misère.

Dans cette campagne silencieuse
Éloignée de toute vie radieuse,
Ils vivent au jour le jour
De ces champs qu'ils labourent
Sans machines, rien qu'avec la houe.
Ils ignorent les techniques
Du grand monde scientifique.

La vie pour eux est ainsi faite
Ils la passent comme des bêtes
Et n'accusent pas leurs parents

Qui les font bêcher comme des grands
Même s'ils ne sont que des enfants.

Qui pourra leur montrer le mystère
Des sciences qui rendent prospèrent ?
Qui pourra leur montrer le chemin
Qui les éloignera de la faim
Pour venir au secours de leurs parents
Qui courent après la faveur du temps
Pour trouver leur maigre repas ?

Gardez-moi dans vos mémoires

Je voyage vers une lugubre destination
À travers le temps qui m'y emporte.
Plus rien dans la vie ne m'importe
Car ma peine est de plus en plus forte.
Ceux qui me sont chers ont passé la porte
Et sont tombés dans l'oubli.

Je navigue vers des rives du silence
À travers les maux qui m'y emportent.
Dans vos suppliques du soir
Demandez au Tout-Puissant
De se souvenir de moi
Quand j'aurai passé la porte.

Sinon mes amis, vous qui survivrez
Parlez de moi certains soirs
Pour me garder dans vos mémoires.

Le jardin de nos vingt ans

Hélène,
Des souvenirs me reviennent ce soir
Des souvenirs de nos temps de gloire
Ces temps où toi et moi dans le noir
Nous parlions d'amour sans les voir,
Ces fleurs qui dansaient pour nous.
Le vent qui soufflait doucement
Caressait nos lèvres et nos dents
Pour nous arracher des mots doux
Qui faisaient battre nos cœurs fous,
Fous d'amour et de joie
Comme si nous étions des rois.

J'aimerais retrouver ce passé
J'aimerais t'avoir à mes côtés
Assise près de moi dans le noir
Juste le temps d'un soir.
Ignore tout, oublie le présent
Viens passer un moment
Avec moi comme amant
Au jardin de nos vingt ans.

Dernier rendez-vous

Hélène,
Si ce message te parvient
Avant demain soir, viens
Viens m'attendre près du verger
Là où notre amitié a commencé.
Ils me poussent à faire la guerre
Mais je préfère aller sous terre
Que de détruire mes frères.
Je refuse d'être des leurs
Pour aller semer la terreur.
Ils me conduiront à l'abattoir
C'est fixé pour demain soir.
Je ne te verrai peut-être pas
Mais je serai traîné par là
Pour aller au trépas.

Hélène,
Si ce message te parvient
Sèche tes larmes et viens,
Viens au dernier rendez-vous
Là-bas, dans ce jardin à nous.

Je n'y reviendrai pas
Mais je serai traîné par là
Pour aller à l'endroit
Où ma vie s'éteindra.

Dépôt légal : Mars 2025

www.ingramcontent.com/pod-product-compliance
Lightning Source LLC
LaVergne TN
LVHW091727190726
843493LV00001B/488